Stefan Lorz

Kritische Betrachtung der Sicherheit von Online-Auktione

ECommerce - Beispiel eBay

I0013288

GRIN - Verlag für akademische Texte

Der GRIN Verlag mit Sitz in München hat sich seit der Gründung im Jahr 1998 auf die Veröffentlichung akademischer Texte spezialisiert.

Die Verlagswebseite www.grin.com ist für Studenten, Hochschullehrer und andere Akademiker die ideale Plattform, ihre Fachtexte, Studienarbeiten, Abschlussarbeiten oder Dissertationen einem breiten Publikum zu präsentieren.

Dokument Nr. V164415 aus dem GRIN Verlagsprogramm

Stefan Lorz

Kritische Betrachtung der Sicherheit von Online-Auktionen

ECommerce - Beispiel eBay

GRIN Verlag

Bibliografische Information der Deutschen Nationalbibliothek: Die Deutsche Bibliothek
verzeichnet diese Publikation in der Deutschen Nationalbibliografie; detaillierte bibliografische Daten sind im Internet über http://dnb.d-nb.de/ abrufbar.

1. Auflage 2006
Copyright © 2006 GRIN Verlag
http://www.grin.com/
Druck und Bindung: Books on Demand GmbH, Norderstedt Germany
ISBN 978-3-640-79388-4

Fachhochschule
Würzburg-Schweinfurt

Abteilung Schweinfurt

Studienarbeit

Fakultät
Wirtschaftsingenieurwesen

Studiengang
Betriebswirtschaft

Studienschwerpunkt
Organisation und Wirtschaftsinformatik

Veranstaltung
E-Commerce

„Kritische Betrachtung der Sicherheit von Online-Auktionen dargestellt am Beispiel eBay"

Verfasser: Stefan Lorz

Abgabetermin: 11.12.2006

KRITISCHE BETRACHTUNG DER SICHERHEIT VON ONLINE-AUKTIONEN DARGESTELLT AM BEISPIEL EBAY

INHALTSVERZEICHNIS:

ABBILDUNGEN & TABELLEN:

KRITISCHE BETRACHTUNG DER SICHERHEIT VON ONLINE-AUKTIONEN DARGESTELLT AM BEISPIEL EBAY

1   Entstehung der Auktionsplattform eBay

Das Online-Auktionsportal eBay wurde im September 1995 in San José gegründet. Seitdem besuchen mehr als 181 Millionen registrierte Nutzer die Portale. Die Auktionsplattform ist momentan in 33 Märkten weltweit aufzufinden[1]. Seit der Übernahme des deutschen Auktionshauses alando.de im Jahre 1999 ist eBay auch in Deutschland vertreten[2]. Mit einem Umfang von 50.000 Kategorien[3] und weltweit ständig mehr als 78 Millionen Artikeln hat sich eBay den Titel „weltweit größtes Auktionshaus" gesichert. Bis heute ist die Zahl der täglichen Auktionen auf ebay.de auf durchschnittlich ca. 8 Millionen angewachsen (s. Tabelle 1).

eBay-Auktionszahlen der letzten 7 Tage

28.11.2006	27.11.2006	26.11.2006	25.11.2006	24.11.2006	23.11.2006	22.11.2006	Durchschnitt:
8.311.153	8.358.351	8.802.819	8.905.776	9.137.752	9.026.712	7.578.642	**8.588.744**

Tabelle 1: „eBay-Auktionszahlen, Deutschland" Eigene Darstellung in Anlehnung an:
http://www.auktionsmonitor.info/ vom 29.11.2006

In Deutschland ist eBay in Dreilinden bei Berlin zu finden. Der Stammsitz der eBay Inc. ist jedoch am Gründungsort, in San José, Kalifornien. Die eBay-Aktien werden an der New Yorker Technologie-Börse Nasdaq notiert. Im Jahre 2006 konnte man weiteren Umsatzzuwachs verzeichnen. Der Quartalsumsatz des vergangenen Quartals beläuft sich auf ca. 1,45 Mrd. Dollar[4]. Auktionen wie bei eBay werden als Consumer-to-Consumer-(C2C)-Auktionen, aber auch als Business-to-Customer-(B2C)-Auktionen eingestuft. B2B-Auktionen findet man im „eBay-Business"-Portal. Das bedeutet sowohl Privatpersonen, als auch Unternehmer können ihre Waren gegen Gebühr auf dem eBay Marktplatz anbieten[5]. Obwohl das Sicherheitspersonal bei eBay seit vielen Jahren immer wieder um modernste Sicherheitsvorkehrungen bemüht ist, dringen immer wieder Vorfälle bezüglich gravierender Sicherheitslücken, bzw. Betrugsfälle an die Öffentlichkeit durch. Die Sicherheitsvorkehrungen bei Online-Auktionen über die Plattform eBay werden im Folgenden nun etwas genauer betrachtet. Es wird weiterhin versucht, der Firma eBay einige Verbesserungsvorschläge aufzuzeigen.

---

[1] Vgl.: http://pages.ebay.de/pdf/ebay_verkaeuferhandbuch.pdf S. 6, vom 21.11..2006
[2] Vgl.: http://onlinemarktplatz.de/tipp103.html vom 06.11.2006
[3] Vgl.: http://www.finanzen.net/news/news_detail.asp?NewsNr=391306 vom 29.10.2006
[4] Vgl.: http://www.finanzen.net/news/news_detail.asp?NewsNr=438831 vom 29.10.2006
[5] Vgl.: Vulkan, Nir: „Elektronische Märkte – Strategien, Funktionsweisen und Erfolgsprinzipien", Übersetzung der Originalausgabe von 2003: "The Economics of E-Commerce – A Strategic Guide to Understanding and Designing the Online-Marketplace", 1. Auflage, hrsg. Princeton University Press, MITP-Verlag, Bonn 2005, S. 169

2 Das dreistufige Sicherheitssystem bei eBay

Trotz intensiver Aufklärung seiner Nutzer über die ordnungsgemäße Anwendung kommt es bei eBay immer wieder zu Streitigkeiten. Die eBay-Experten sind ständig bemüht ein sicheres System anzubieten, welches sich in 3 verschiedene Sicherheitsstufen unterteilt[6].

2.1 Vorbeugung

Die erste Stufe des eBay-Sicherheitssystems nennt sich „Vorbeugung". Hier werden von eBay bereits vorab Maßnahmen getroffen, um Probleme zu vermeiden.

2.1.1 Das „eBay-Sicherheitsportal"

Das „eBay-Sicherheitsportal" ist die zentrale Anlaufstelle zum Thema Sicherheit bei eBay-Auktionen[7]. Auf diesen Seiten wird man über das „Sichere Kaufen & Verkaufen" informiert. Zudem findet man wichtige Grundsätze und Tipps zu Auktionen. Bei Problemen kann man mit dem „eBay-Sicherheitsteam" hier in Kontakt treten. Teil des Sicherheitsportals ist auch der persönliche Bereich „MeinEbay", über den jeder User nach Anmeldung seine Auktionen kontrollieren kann.

2.1.1.1 Kritik am Sicherheitsportal

Emails mit Portal-Benutzerdaten und eBay-Infomails landen momentan noch direkt im privaten Email-Postfach der eBay-Nutzer. Dies sollte man möglichst vermeiden um die Sicherheitsprobleme durch z.B. **Phishing** zu verringern. Phishing (siehe Kapitel 3.3) steht in diesem Falle für den Benutzerdatenklau mit Hilfe von gefälschten eBay-Mails. Trotz der vielen Bemühungen seitens der Firma eBay haben ein Großteil der eBay-Mitglieder nicht das notwendige Know-How, um die wichtigsten Sicherheitsvorkehrungen treffen zu können. Die betroffenen Nutzer müssten gezielt informiert und **trainiert** werden.

2.1.1.2 Verbesserungsvorschläge

Eine mögliche Schadensbegrenzung für das in 2.1.1.1 genannte Phishing-Problem wäre folgende Variante: Das „eBay-Sicherheitsteam" (siehe Kapitel 2.2.1) programmiert das Sicherheitsportal so, dass alle wichtigen E-Mails nur noch **intern** über den „MeinEbay"-Bereich gelesen werden können. Es muss zusätzlich

---

[6] Vgl.: http://www.mich-tipps.de/Sections-sop-viewarticle-artid-72.html vom 29.10.2006
[7] Vgl.: http://pages.ebay.de/sicherheitsportal/?ssPageName=f:f:DE vom 20.11.2006

ausdrücklich darauf hingewiesen werden, dass eBay keine Mails mehr nach „draussen" versendet. So könnte der Nutzer alle gefälschten eBay-Mails, die dann noch in seinem privaten Email-Postfach ankämen, getrost entfernen, beziehungsweise filtern. In vielen Bereichen ist man bei eBay aber bereits auf dem richtigen Weg. So finden zum Beispiel schon seit einigen Jahren jeweils eintägige Schulungsveranstaltungen statt. Diese Veranstaltungen laufen unter dem Begriff *„eBay-University"* und finden in vielen großen Städten in Deutschland statt. Die Handlungskompetenz der eBay-Nutzer auf dem Marktplatz soll hierdurch erhöht werden. Da die Zahl der Veranstaltungen innerhalb eines Jahres begrenzt ist und diese sofort ausgebucht sind, sollte eBay *zusätzliche Sicherheits-Veranstaltungen* einplanen. Auf den Portalseiten findet man auch Online-Sicherheitstrainings. Zur Verbesserung der eBay-Sicherheit könnte das eBay Sicherheitsteam ein *Online-Pflichttraining* in das eBay-Sicherheits-Portal einbauen. Dieses kleine Sicherheitstraining soll dann alle neuen Nutzer und diejenigen, mit nur wenigen Bewertungen, vor den aktuellen Gefahren bei Online-Auktionen warnen.

2.1.2 Das „eBay-Bewertungssystem"

„Geschäfte bei eBay basieren auf dem Vertrauen, welches ein Käufer dem Verkäufer entgegenbringt.[8]" Ein Käufer sollte immer zuerst das Bewertungsprofil eines Verkäufers überprüfen, bevor er auf dessen Artikel bietet. Die Anzahl der Bewertungspunkte eines Verkäufers, sowie der Anteil der positiven Bewertungen werden dort angezeigt. Ein Anteil an positiven Bewertungen nahe 100 Prozent zeichnet besonders vertrauenswürdige Verkäufer aus. Diese Nutzerprofile zeigen alle bisherigen Erfahrungen der Vertragspartner des Teilnehmers. Eine Erfahrung wird meist durch eine einfache **"Bewertung"** dokumentiert. „Sie ist immer nur dann öffentlich zugänglich, wenn der bewertete Teilnehmer im Rahmen einer Auktion entweder als Bieter oder als Anbieter aktiv wird[9]." Nach Auktionsende bewerten sich beide Auktionspartner gegenseitig bezüglich Lieferung des Verkäufers und Zahlung des Käufers. Neben den Bewertungen selbst, gibt es noch andere Möglichkeiten, um sich ein Bild über den Verkäufer zu machen. So verwendet eBay zusätzlich verschiedenfarbige **"Stern-Symbole"** um den aktuellen Stand der verkauften Artikel der Verkäufer anzuzeigen. Stern-Symbole werden an eBay-Mitglieder vergeben, die zehn oder mehr Bewertungspunkte erreicht haben.

---

[8] http://onlinemarktplatz.de/tipp88.html vom 06.11.2006
[9] Hoeren, Thomas; Müglich, Andreas; Nielen, Michael: „Online-Auktionen: Eine Einführung in die wichtigsten rechtlichen Aspekte", hrsg. von Erich Schmidt, Berlin 2002, S. 33

⭐	⭐	⭐	⭐	⭐	⭐	☆	⭐	⭐	⭐
10 - 49 Punkte	50 - 99 Punkte	100 - 499 Punkte	500 - 999 Punkte	1.000 - 4.999 Punkte	5.000 - 9.999 Punkte	10.000 bis 24.999 Punkte	25.000 - 49.999 Punkte	50.000 - 99.999 Punkte	100.000 Punkte oder mehr

Tabelle 2: „eBay-Starchart" Eigene Darstellung in Anlehnung an:
http://pages.ebay.de/help/account/star-chart.html vom 09.11.2006

Jeder Stern steht für ein anderes Intervall (siehe Tab. 2). Ein Mitglied kann jedoch den Punktestand eines anderen Mitglieds nur um jeweils einen Punkt verändern - unabhängig davon, wie viele Transaktionen die beiden Handelspartner miteinander durchgeführt haben[10]. Weitere Möglichkeiten, um die Seriosität eines Verkäufers zu prüfen sind die Angaben: **"Geprüftes eBay-Mitglied"** und **"eBay-Powerseller"**. Ersteres wird man durch die Überprüfung der Identität des Nutzers per PostIdent-Verfahren durch die Deutsche Post AG. Um ein Powerseller zu werden, muss man unter anderem mindestens 100 Bewertungen haben, von denen mehr als 98 Prozent positiv sind[11]. Des Weiteren ist man als Powerseller nur zugelassen, wenn man ein Gewerbe angemeldet hat und bereits geprüftes Mitglied ist.

2.1.2.1 Kritik am Bewertungssystem

Bewertungsprofil:	381	Jüngste Bewertungen:			
Positive Bewertungen:	**100%**		Letzter Monat	Letzte 6 Monate	Letzte 12 Monate
Mitglieder, die mich positiv bewertet haben:	381	🟢 positiv	5	56	208
Mitglieder, die mich negativ bewertet haben:	0	🔵 neutral	0	0	4
Alle positiven Bewertungen:	398	🔴 negativ	0	0	0
		Zurückgezogene Gebote (in den letzten 6 Monaten): 0			

Abbildung 1: „Beispiel für ein Bewertungsprofil" Eigene Darstellung in Anlehnung an:
http://pages.ebay.de/services/forum/feedback.html?ssPageName=f:f:DE vom 20.11.2006

Bewertungen gibt es bei eBay seit Februar 1996. Sie sollen zum Beispiel den Käufern helfen, sich ein Bild über den Verkäufer machen zu können. Doch diese Bewertungen sind nicht immer echt. Sowohl positive, neutrale, als auch negative Bewertungen können gefälscht sein. Eine Manipulation des Bewertungsprofils kann zum Beispiel erfolgen, wenn kleinere günstige Artikel von den Verkäufern selbst über Zweit- oder Drittaccounts (Fake-Accounts), oder durch deren Freunde ersteigert werden. Durch die positiven Bewertungen im Anschluss wird das Profil des Verkäufers unerlaubt beschönigt[12]. EBay ist zwar bemüht, solchen Trickbetrügern

---

[10] Vgl.: http://pages.ebay.de/help/feedback/reputation-stars.html vom 07.11.2006
[11] Vgl.: Schulz, Sabine Maria: „Clever kaufen & verkaufen mit eBay", Franzis Verlag GmbH, Poing 2003, S. 157
[12] Vgl.: Schulz, Sabine Maria: „Clever kaufen & verkaufen mit eBay", Franzis Verlag GmbH, Poing 2003, S. 37

den Garaus zu machen, dies ist allerdings nicht so leicht machbar. Viele eBay-Nutzer geben zum Beispiel auch nach dem Kauf gefälschter Ware eine positive Bewertung ab, nur um sich späteren Ärger wie zum Beispiel Rachebewertungen der Verkäufer zu ersparen[13].

2.1.2.2 Verbesserungsvorschläge

Um sich als Käufer größeren Ärger zu ersparen, sollte man sich das Profil des Anbieters vor dem Kauf noch gezielter betrachten. Das heißt die Zahl der positiven Bewertungen sollte über 90% sein, bestenfalls immer bei 100%. Die negativen beziehungsweise auch die zurückgenommenen Bewertungen müssen auf jeden Fall beachtet werden. Damit eine Auktionsplattform wie eBay ordentlich funktionieren kann, sollte man seine Bewertung auch sinnvoll formulieren und vor einer negativen Bewertung des Verkäufers erst mit diesem in Kontakt treten[14].

Ein Verbesserungskonzept für die Firma eBay wäre, dass man ein paar Bewertungsmöglichkeiten vorgibt, aus welchen man zwingend aussuchen muss. Falls diese dem Nutzer nicht genügen, könnte er dann in einem Zusatz eigene Worte hinzufügen. Die zahlreichen vorgegebenen Formulierungen könnten folgendermaßen lauten: „Ware ist angekommen", „1A-Qualität", „Schneller Versand", als Beispiel für positive Bewertungen. Negative Bewertungen wären dann zum Beispiel: „Ware ist gefälscht!", „Defekte Ware!", „Keine Ware erhalten". Das gleiche Prinzip würde dann auch für die neutralen Bewertungen gelten. Dieses Konzept würde den Vorteil beinhalten, dass die Profile aussagekräftige Bewertungen beinhalten würden. Es wäre sogar denkbar, dass mehr eBay-Nutzer preisgeben würden, dass sie gerade gefälschte Ware gekauft haben. Vielleicht könnte man so auch die Zahl der Rachebewertungen verringern. Momentan läuft bei eBay bereits die erste freiwillige Testphase eines vergleichbaren Konzeptes, bei dem die normalen Bewertungen mit einer Art Fragebogen erweitert werden[15]. Dieses Konzept könnte ab 2007 starten, jedoch hat der Käufer hier nur 4 Fragen (zur Genauigkeit der Artikelbeschreibung, Kommunikation mit dem Verkäufer, Versandschnelligkeit & Höhe der Gebühren), zu denen er Stellung nehmen kann. Ob dieses eBay-Update Zukunft hat, wird man im nächsten Jahr sehen.

---

[13] Vgl.: http://www.tecchannel.de/news/themen/client/448766/index.html vom 06.11.2006
[14] Vgl.: http://www.tecchannel.de/news/themen/client/448766/index4.html vom 06.11.2006
[15] Vgl.: http://www.winsoftware.de/news-5636.htm vom 21.11.2006

2.1.3 Der „eBay-Treuhandservice: iloxx SAFETRADE"

iloxx erhält Geld und Ware ...   **iloxx versendet Geld und Ware ...**

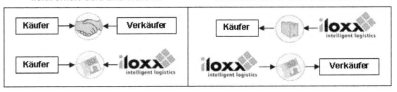

Abbildung 2: „iloxx SAFETRADE" Eigene Darstellung in Anlehnung an:
http://www.iloxx.de/webprodukte/safetrade/safetrade.asp?sid=34&uid=0 vom 20.11.2006

Bei der Bezahlungsabwicklung über den Treuhand-Service **iloxx SAFETRADE** (siehe Abb. 2) wird der zu zahlende Betrag nicht direkt an den Verkäufer, sondern zunächst auf das Treuhandkonto überwiesen, bevor das Geld zur Bezahlung der Ware freigegeben wird[16]. Ein Kunde hat so die Möglichkeit, den Artikel nach Erhalt zunächst zu begutachten, bevor er die Bezahlung vom Treuhandkonto anweist, und kann so sicher sein, dass ihn der Artikel überhaupt und in einwandfreiem Zustand erreicht. Dem Verkäufer wird vom Treuhand-Service gemeldet, dass das Geld eingegangen ist. Daraufhin schickt der Verkäufer den Artikel z.B. über den iloxx-Versandservice an den Käufer. Wenn schließlich alles in Ordnung ist, wird das Geld vom Treuhand-Service an den Verkäufer überwiesen. Für die Nutzung des Treuhand-Service wird von eBay eine Gebühr erhoben. Die Abwicklung über den Treuhand-Service sollte vor dem Auktionsende ausgewiesen sein.

2.1.3.1 Vorteile des „eBay-Treuhandservices"

Die Abwicklung über einen Treuhandservice wird generell ab einem Verkaufspreis von 200-250 Euro empfohlen. Durch diese Zwischenstation wird der Betrug "Geld, aber keine Ware" sozusagen ausgeschlossen[17]. Dem Verkäufer ist es nun möglich, bevor er das Geld vom Treuhänder an den Verkäufer überweisen lässt, die Ware in aller Ruhe auf Mängel oder Defekte hin zu überprüfen. Innerhalb von 2 Tagen kann die Ware geprüft werden – somit werden Fehler an den Artikeln schnell erkannt und ausgetauscht und Falschlieferungen bereinigt[18]. Es empfiehlt sich für den Käufer auf jeden Fall, den Service zu nutzen, da die Verkäufer hier stets um die Zufriedenheit der Käufer besorgt sind. Man kann selbst entscheiden, ob man den Kaufbetrag überweist, oder nicht. Wenn man sich als Verkäufer für den „eBay-Treuhandservice" entscheidet, erscheint man für die Käufer vertrauenswürdiger. Die Nutzung des

---

Services ist zudem sehr zuverlässig, da man auf der einen Seite sein Geld sicher bekommt, auf der anderen Seite die Ware auf jeden Fall ankommt. Somit wird gewährleistet, dass beide Seiten zufrieden gestellt werden.

2.1.3.2 Kritik am „eBay-Treuhandservice"

Für die Nutzung des Services spielt natürlich auch der **Kostenfaktor** eine Rolle. Der Käufer muss abwägen, ob es sinnvoll ist den Bezahlvorgang über einen „Treuhänder" laufen zu lassen. Bei Kaufpreisen unter 250 Euro ist nämlich momentan schon eine Gebühr von ca. 4 Euro fällig. Dies steigert sich kontinuierlich bis zu einer Gebühr von 100 Euro ab einem Kaufpreis über 50.000 Euro[19]. Wer zum Beispiel eine Musik-CD oder ein Taschenbuch ersteigern möchte, sollte nicht über einen Treuhänder bezahlen. Beim Kauf eines wertvollen Bildes wäre dies sinnvoll. Iloxx ist eine Partnerfirma, die eBay auch offiziell empfiehlt und darauf verweist, denn nicht alle Treuhandservices sind vertrauenswürdig. Nachforschungen haben ergeben, dass es sich bei einem Großteil der momentan aktiven Treuhand-Websites um **betrügerische Fälschungen** handelt[20]. Somit ist der Nutzer aufgefordert, den Service genau zu prüfen bevor er benutzt wird. Besonders bei Auktionen aus dem Ausland ist diese Betrugsmasche ins Gespräch gekommen[21]." Wer Opfer eines solchen Treuhand-Betrugs geworden ist, sollte auf jeden Fall auch seine Passwörter auf Sicherheit überprüfen. Die Betrüger versuchen mit dem bei der Treuhand-Registrierung verwendeten Passwort auch auf andere Accounts der Opfer (z.B. eBay, PayPal) zuzugreifen. Entweder werden durch die gefälschten Treuhand-Websites also Passwörter geklaut, oder den Nutzern wird das Geld mit Hilfe von Auslandsaccounts aus der Tasche gezogen. Der Käufer muss das Geld ins Ausland überweisen, erhält im Gegenzug aber keine Ware.

2.1.4 „Die eBay-Toolbar"

Abbildung 3: „eBay-Toolbar"
http://pics.ebaystatic.com/aw/pics/de/toolbar/v4/toolbar_screen_580x138.gif vom 21.11.2006

---

[19] Vgl.: https://www.iloxx.de/webpopups/pop_preisinfo.asp?sid=34&uid=e&pr=safetrade vom 20.11.2006
[20] Vgl.: http://www.wortfilter.de/news0307.html#t372 vom 20.11.2006
[21] Vgl.: Schulz, Sabine Maria: „Clever kaufen & verkaufen mit eBay", Franzis Verlag GmbH, Poing 2003, S. 159

„Mit der eBay-Toolbar sind die wichtigsten Funktionen für Online-Auktionen als Symbolleiste stets griffbereit[22]." Die Toolbar-Funktionen **Sicherheits-Check** und **Passwortschutz** sollen die Nutzer dabei unterstützen vertrauliche Daten auf betrügerischen Websites einzugeben, die nicht verifiziert sind[23]. Der Passwortschutz funktioniert sowohl für das eBay- als auch für das PayPal-Passwort. Weitere Funktionen sind zum Beispiel der direkte Zugriff auf den „MeinEbay"-Bereich[24]. Des Weiteren hat man eine spezielle eBay-Suche integriert, die auch abgelaufene Artikel wieder zum Vergleichen finden kann. Auch Gebots- und Artikelerinnerungen mit akustischen Warnsignalen, welche man entsprechend einstellen kann, sind verfügbar.

2.1.4.1 Kritik an der Toolbar

Ein erster Kritikpunkt an dem eBay-Tool ist, dass man es laut eBay nicht für den Browser *Mozilla Firefox* verwenden kann. Nur für alle neueren Varianten des Microsoft Internet Explorers (5.01, 5.5, 6.0 und 7.0) steht die Toolbar zur Verfügung. Dies ist wieder einmal schlecht für alle eBay-Nutzer, da sehr viele heutzutage über Mozilla Firefox im Internet surfen.

Die Toolbar meldet möglicherweise viele unsichere Websites, jedoch gelingt es Betrügern immer wieder, durch modifizierte Internetlinks den Alarm der Toolbar zu umgehen. Die Seiten werden dann seltsamerweise als verifizierte eBay-Seiten angezeigt, obwohl man inzwischen auf die Website des Betrügers umgeleitet wurde[25]. In den meisten Fällen mag die Toolbar zwar ein hilfreiches Tool sein, viele Internetuser haben aber eine Abneigung gegen die Installation von neuen Programmen. Sie legen lieber gleich mit dem „ungesicherten" Anmelden und Bieten bei eBay los.

2.1.4.2 Verbesserungsvorschläge

Auf jeden Fall muss in der neuen Version der eBay-Toolbar eine Erweiterung auf alle Internetbrowser kommen. Das eBay-Sicherheitsteam wird in diesem Falle in Zukunft sicherlich die passenden Vorkehrungen treffen. Vor allem aber muss die Internetlinkprüfung der Toolbar so verbessert werden, dass Betrüger dies nicht weiter zu deren Vorteil verwenden können. Um beste Sicherheitsvorkehrungen bieten zu können, wäre eine Kooperation mit der Suchmaschine Google.de denkbar. Google

[22] http://www.zdnet.de/downloads/prg/4/4/de10153544-wc.html vom 21.11.2006
[23] Vgl.: http://pages.ebay.de/ebay_toolbar/ vom 06.11.2006
[24] Vgl.: http://www.zdnet.de/downloads/prg/4/4/de10153544-wc.html vom 21.11.2006
[25] Vgl.: http://shortnews.stern.de/start.cfm?overview=1&id=584344&newsid=3&rubrik1=Alles&rubrik2=Alles&rubrik3=Alles&sort=3&start=1&suche
=toolbar&nps=15&zeitraum=999&sparte=4&rubrikid1=1910 vom 20.11.2006

bietet auch eine Toolbar zum Download an. Die Kombination der Sicherheitsvorkehrungen könnte vielleicht beiden Unternehmen weiterhelfen. Denkbar wäre auch eine standardmäßige Integration der Toolbar in alle Browser. Somit wäre gesichert, dass in Zukunft alle Internetnutzer beim Surfen Meldungen über die Sicherheit der besuchten Websites bekommen.

2.2   Früherkennung

Die zweite Phase des Sicherheitssystems bezeichnet man mit „Früherkennung". Die Mitglieder des „eBay-Sicherheitsteams" und das „VeRI-Programm" bilden die Stützen dieser Sicherheitsstufe.

2.2.1   Das „eBay-Sicherheitsteam"

In allen sicherheitsrelevanten Themen steht das eBay-Sicherheitsteam im Mittelpunkt. Hier arbeiten mehr als 100 Mitarbeiter an der Sicherheit bei eBay. Sie kümmern sich hier zum Beispiel um die Pflege des Sicherheitsportals (siehe Kapitel 2.1.1), sowie die Identifizierung und Löschung verbotener Auktionen. Die Suche nach Verstößen gegen die eBay-Richtlinien erfolgt stichpunktartig oder durch Hinweise. Daraus resultierende Maßnahmen sind zum Beispiel die Verwarnung von Mitgliedern, die Einschränkung der Nutzung bis hin zu zeitweisem oder endgültigem Ausschluss aus dem eBay-Portal[26]. Als Hilfestellung für die eBay-Nutzer hat das Sicherheitsteam „7 Goldene Regeln" für die eBay-Sicherheit aufgestellt[27]. Diese Regeln weisen die User auf die wichtigsten Sicherheitsvorkehrungen zur Benutzung des eBay-Marktplatzes hin. So wird vor allem auf die Wahl sicherer Passwörter (siehe Kapitel 3.1) und deren Geheimhaltung hingewiesen. Des Weiteren sollte man auf eine verschlüsselte Netzwerkverbindung, (siehe Kapitel 3.2) aber auch auf die Seriosität des Anbieters achten. Die Auktionen sollten sorgfältig auf Versand- und Lieferbedingungen, sowie auf Widerrufs- und Rückgaberecht geprüft werden. Ausserdem ist die Wahl einer zuverlässigen Zahlungsmethode (wie z.B. mit Paypal, siehe Kapitel 2.3) zu beachten. Die letzte „Goldene Regel" warnt vor betrügerischen Emails (z.B. Phishing, siehe Kapitel 3.3)[28].

---

[26] Vgl.: http://pages.ebay.de/sicherheitsportal/sicherheitsteam/ vom 09.11.2006
[27] Vgl.: http://www.pepperpod.de/cast.php?id=1788&c=48 vom 27.11.2006
[28] Vgl.: http://pages.ebay.de/kaufenmitverstand/ vom 20.11.2006

2.2.1.1 Kritik am „eBay-Sicherheitsteam"

Die Firma eBay ist bemüht, die verbotenen Auktionen und Sicherheitsmängel zu beseitigen. Nicht jeder Geschädigte weist eBay auch auf entdeckte kriminelle Handlungen hin, da es zusätzlichen Arbeitsaufwand bedeutet. Ferner ist es Betrügern möglich mittels bestimmten Tricks per Mausklick hunderte gefälschte eBay-Accounts zu erstellen. Solche Tricks stellen die gesamte Arbeit des Sicherheitsteams sichtlich in Frage, da man solchen Tools meist nur schwer entgegenwirken kann. Somit sind wahrscheinlich 100 Mitarbeiter zu wenig, da man eben den Auktionsfluss und die Kriminalität nur stichprobenartig überwachen kann.

2.2.1.2 Verbesserungsvorschläge

Schon in Kapitel 2.1.1.2 wurden einige Verbesserungsvorschläge aufgezeigt, die das Sicherheitsteam vornehmen sollte. Adaptiv hierzu könnte eBay vielleicht noch zusätzliche Experten ausbilden. Hierdurch wäre eine flächenübergreifende Durchforstung des eBay-Marktplatzes möglich, nicht nur Stichproben. Das hätte auch den Vorteil, dass neue Arbeitsplätze geschaffen werden könnten.

2.2.2 Das „Verifizierte Rechteinhaber-Programm (VeRI)"

Das *Verifizierte Rechteinhaber-Programm (VeRI)* von eBay dient dem Schutz von immateriellen Rechtsgütern. Es wurde entwickelt, um Inhaber gewerblicher Schutzrechte, Urheber- und Leistungsschutzrechte sowie sonstiger immaterieller Rechte beim Melden und Löschen *rechtswidriger Angebote* zu unterstützen[29]. Es kann nämlich vereinzelt vorkommen, dass auf der eBay-Handelsplattform gewerbliche Schutzrechte (z.B. Patente) verletzt werden. Derartige Verstöße können unkompliziert an eBay weitergeleitet werden. Die rechtswidrigen Angebote können dort überprüft und gelöscht werden. Auf Wunsch stellt eBay den Schutzrechtsinhabern außerdem die Anbieterdaten zur weiteren Rechtsverfolgung zur Verfügung[30]. Ebay arbeitet deshalb seit mehreren Jahren mit weltweit rund 13.000 Herstellern im „VeRI-Programm" zusammen[31].

2.2.2.1 Kritik am „VeRI-Programm"

Bisher werden jedoch keinerlei konkrete Bezeichnungen der Schutzrechte von eBay angefordert, somit bietet sich das Programm unseriösen Personen als Hilfsmittel zur

---

[29] Vgl.: http://de.wikipedia.org/wiki/Veri vom 20.11.2006
[30] http://www.mich-tipps.de/Sections-sop-viewarticle-artid-64.html vom 21.11.2006
[31] http://www.stern.de/wirtschaft/immobilien/verbraucher/562262.html?nv=ct_mt vom 23.11.2006

Behinderung des Wettbewerbs regelrecht an. Ebay ist es möglich, einen Bruchteil der rechtswidrigen Angebote zu löschen. Die Verursacher selbst könnten eBay meistens jedoch schon bei der Anmeldung überlistet haben. So werden Daten von unbeteiligten Personen benutzt, um zum Beispiel die SchuFa-Prüfung (Daten zur Person, auch Kreditwürdigkeit) zu überlisten. Diese finden die Betrüger meist über das Internet, Zeitungen oder sonstige Veröffentlichungen (z.B. Geburtstagslisten, Todesanzeigen)[32]. Somit ist es für die Betrüger einfach, nach einer Löschung wieder an einen bzw. mehrere neue eBay-Accounts zu gelangen. Sogar das eBay-Verifizierungsverfahren per Brief kann ausgehebelt werden. Hier werden zum Beispiel Briefkästen in Hochhäusern verwendet, um die neuen Freischaltcodes gesendet zu bekommen. „So kann sich theoretisch jeder beliebige Dritte unter Angabe eines fremden Namens und einer fremden Adresse bei einem Auktionshaus anmelden. Insgesamt kann daher nicht von einer hinreichenden Legitimationsprüfung gesprochen werden[33]." Auf Grund des intensiven Aufwands der Verfolgung solcher Fälle meidet eBay dies meistens. Das hat zur Folge, dass hierdurch weiterer Missbrauch begünstigt wird.

2.2.2.2 Verbesserungsvorschläge

Um das „VeRI-Programm" zu verbessern, wäre es also sinnvoll, alle eBay-Nutzer eindeutig zu identifizieren. Dies könnte zum Beispiel durch eine Online-Überprüfung des Personalausweises erfolgen. Bei Verstößen gegen Schutzrechte oder Patente, oder auch bei fälligen Zahlungen wäre der User leichter auffindbar. Die Aufnahme sämtlicher Benutzerdaten müsste sich natürlich an den Datenschutz halten.

2.3 Nachverfolgung

Die letzte Stufe des dreistufigen Sicherheitssystems ist die „Nachverfolgung". Hier bietet eBay sowohl seinen Standard-, sowie den „Paypal-Käuferschutz" an.

2.3.1 „eBay-Käuferschutz" & „PayPal-Käuferschutz"

Für den Fall, dass es beim Handel auf dem eBay-Marktplatz doch einmal zu einem Problem kommt, bietet eBay seinen Nutzern auf Kulanzbasis den *eBay-Käuferschutz* an. Dieser sichert Transaktionen bis zu einem Betrag von 200 Euro abzüglich einer Selbstbeteiligung von 25 Euro ab[34]. Ein Antrag auf Käuferschutz kann gestellt werden, wenn ein Käufer einen Artikel bezahlt aber nicht erhalten hat,

[32] Vgl.: http://cgi3.ebay.de/ws/eBayISAPI.dll?ViewUserPage&userid=bubu.m vom 20.11.2006
[33] Schulze, Martin: „Internetauktionen aus vertragsrechtlicher und wettbewerbsrechtlicher Sicht", Tectum Verlag, Marburg 2004, S. 53
[34] Vgl.: http://training.ebay.de/online-training/_upload/Sicherheit_bei_eBay1.pdf S. 18, vom 20.11.2006

oder wenn der Käufer einen Artikel bezahlt und erhalten hat, der im Wert nicht der Artikelbeschreibung entspricht. Käufer, die einen Artikel über **PayPal** (Online-Zahlungsservice von eBay) bezahlt haben, können den *„PayPal-Käuferschutz"* in Anspruch nehmen. Paypal bietet einen Ausgleich bis zu einer Höhe von 500 Euro ohne jegliche Selbstbeteiligung[35]. Verkäufer müssen verschiedenste Kriterien für das PayPal Käuferschutzprogramm erfüllen.

2.3.2 Kritik am Käuferschutz

Bis zum Beginn des neuen Jahres sollen über Paypal für den Verkäufer bei Zahlungen innerhalb Deutschlands keine Kosten anfallen. Ab Januar 2007 wird dann jede Auktion 35 Cent kosten. Hinzu kommen noch **Gebühren** in Höhe von ca. 1-2% des Überweisungsbetrages[36]. „Die Verwendung von **Bargeld-Transferservices** wie Western Union wurde bei eBay aus Sicherheitsgründen bereits verboten." Der Käuferschutz ist eigentlich eine recht solide Einrichtung von eBay. Die Nutzer werden auch seitens von eBay eindeutig dazu aufgefordert über den „eigenen" Käuferschutz Zahlungen abzuwickeln. Trotzdem lassen sich immer wieder Nutzer auf gefälschte Paypal-Websites ein. Kürzlich ist bekannt geworden, dass Paypal die Konten seiner Kunden scheinbar willkürlich sperrt[37]. Dies geschieht sobald nur der geringste Verdacht auf **Terrorismus** besteht. In den USA werden von einer Behörde Namenslisten erstellt. Wessen Namen in Deutschland auch nur minimal einem Namen der Liste gleicht, wird einfach gesperrt. Hier sollte es das Ziel für eBay sein, durch eine sorgfältigere Prüfung nicht tausende unschuldige eBay-Nutzer um deren Verbraucherrechte zu bringen. Wer beim Zahlungsverkehr keine Risiken eingehen will, sollte also einen Käuferschutz in Anspruch nehmen, auch wenn dies vielleicht mit Gebühren verbunden ist.

3 Beispiele für Sicherheitsrisiken bei eBay

Nachfolgend werden noch einige Stellen aufgezeigt, an denen das „eBay-Sicherheitssystem" weitere Schwachpunkte aufweist.

3.1 eBay-Sicherheit bei Passwörtern

Wie in Abb. 4 (siehe nächste Seite) veranschaulicht wird, werden von der Anmeldung bis letztlich zur Bezahlung der gewonnenen Auktion jede Menge Daten übermittelt.

---

[35] Vgl.: http://pages.ebay.de/pdf/7GoldeneRegeln.pdf vom 20.11.2006
[36] Vgl.: http://www.paypal.com/de/cgi-bin/webscr?cmd=_display-fees-outside vom 20.11.2006
[37] Vgl.: „PC Professionell", Ausgabe 12/2006, VNU Business Publications, Mohndruck GmbH, München 2006, S.36

Von eBay werden die Punkte: *„Vertraulichkeit – Integrität – Authentifizierung"* (siehe Kapitel 2.2.2) gefordert. Dies bedeutet, dass zum Beispiel die Überprüfung der Mitgliedsdaten, etc. verpflichtend ist. Alle relevanten Daten werden per Email verschickt. Ob diese Daten vor Betrügern sicher sind, wird im nächsten Kapitel genauer betrachtet.

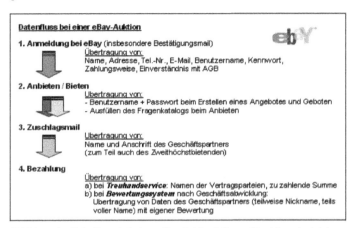

Abbildung 4: „Datenfluss bei einer eBay-Auktion" Eigene Darstellung in Anlehnung an: Hoeren, Thomas; Müglich, Andreas; Nielen, Michael: „Online-Auktionen: Eine Einführung in die wichtigsten rechtlichen Aspekte", hrsg. von Erich Schmidt, Berlin 2002, S. 192

3.1.1 Kritik an der eBay-Sicherheit bei Passwörtern

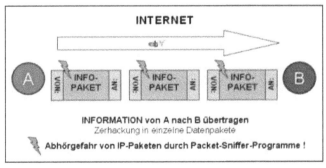

Abbildung 5: „Packet-Sniffer in Aktion" Eigene Darstellung in Anlehnung an: Mocker, Ute; Mocker, Helmut; Ahlreep, Jens: „Handbuch E-Communication", Datakontext-Fachverlag, Frechen-Königsdorf 2001, S. 47

Mit Hilfe bestimmter Programme ist es möglich, die eBay-Benutzerdaten bei der Anmeldung, beim Bieten, etc. aufzuspüren. Die Programme nennt man „Packet-Sniffer-Programme". Mit ihnen ist man in der Lage, interessante Datenpakete aus dem Datenfluss abzuhören, zu manipulieren, abzufangen oder umzuleiten (siehe

Abb. 5), sofern diese unzureichend oder gar nicht verschlüsselt wurden[38]. Die Verschlüsselungstechniken werden in Kapitel 3.2 genauer behandelt. Mit den ausspionierten Benutzerdaten können den betroffenen eBay-Nutzern erhebliche Schäden hinzugefügt werden. So ist zum Beispiel der Fall bekannt, dass bei einem eBay-Mitglied 39 Artikel im Wert von 1,4 Millionen Euro fremdersteigert wurden[39]. Unter anderem hatte man ein Ultraleichtflugzeug, ein Bild des Künstlers Andy Warhol sowie einen Herzschrittmacher ersteigert.

3.1.2 eBay-Maßnahmen gegen den Passwortklau

Um dem Passwortklau vehement entgegenzuwirken, wandte sich eBay an die Mitglieder. Bereits im Frühjahr 2006 rief man alle User, die zu diesem Zeitpunkt **unsichere Passwörter** besaßen auf, diese sie zu ändern. Damals waren dies ca. 100.000 Mitglieder. Viele Mitglieder, die seit Jahren Nutzer der Auktionsplattform sind, hatten sich meist zu einfache Passwörter ausgedacht. Hierunter fallen zum Beispiel einfache Zahlenkombinationen, Teile des eBay-Mitgliedsnamens oder sogar des richtigen Namens. eBay versucht, solche einfachen Passwörter zu sperren. Die Benutzer müssen zum Beispiel erst ein neues Passwort vergeben, um wieder an Auktionen teilnehmen zu können[40]. Um höhere Sicherheit zu gewährleisten, wird eine Passwortlänge von mindestens 8 Zeichen, bestehend aus Zahlen, Buchstaben und Sonderzeichen empfohlen[41]. Während des Anmeldeverfahrens erscheint nun als Hilfestellung die „eBay-Passwort-Sicherheitsprüfung". Dieses Werkzeug zeigt einen dreistufigen Balken an, der die Sicherheit des gewählten Passwortes anzeigen soll. In baldiger Zukunft soll mit Hilfe von spezieller **Identifizierungs-Hardware** für eBay-Nutzer der Passwortschutz verbessert werden. Bisher sind von eBay noch keine genauen Angaben vorhanden, man denke aber hierbei möglicherweise an einen USB-Speicherstick, der sämtliche Benutzerdaten wie Name, Passwörter etc. gespeichert hat. Zudem sollen noch weitere Sicherheitstools auf dem Stick vorhanden sein[42]. Eine interessante Verbesserungsmöglichkeit wäre die Benutzerauthentifizierung mit Hilfe der Biometrik. Dieser Vorschlag wird in Kapitel 3.2.2 genauer ausgeführt. Der wirksamste Schutz gegen das Abhören einer Datenübertragung ist und bleibt jedoch eine sichere Verschlüsselungstechnik[43].

---

[38] Vgl.: Hoeren, Thomas; Müglich, Andreas; Nielen, Michael: „Online-Auktionen: Eine Einführung in die wichtigsten rechtlichen Aspekte", hrsg. von Erich Schmidt, Berlin 2002, S. 195
[39] Vgl.: Schulze, Martin: „Internetauktionen aus vertragsrechtlicher und wettbewerbsrechtlicher Sicht", Tectum Verlag, Marburg 2004, S. 54
[40] Vgl.: http://www.telekom-presse.at/channel_internet/news_22398.html vom 07.11.2006
[41] Vgl.: http://pages.ebay.de/pdf/7GoldeneRegeln.pdf
[42] Vgl.: http://www.onlinekosten.de/news/artikel/22306/0/eBay_erw%E4gt_neues_Sicherheitskonzept vom 08.11.2006
[43] Vgl.:Fuhrberg, Kai.; Häger, Dirk.; Wolf Stefan.: „Internet-Sicherheit: Browser, Firewalls und Verschlüsselung", 3. Auflage, Carl Hanser Verlag, München Wien 2001, S. 64

3.2   Verschlüsselungstechniken

Die Sicherheit im Internet stützt sich im Kern auf die Kryptologie, das heißt auf das Verschlüsseln (= Kryptographie) und wieder Entschlüsseln (= Kryptoanalyse) von Nachrichten (am Beispiel „Symmetrische Verschlüsselung", siehe Abb. 6).

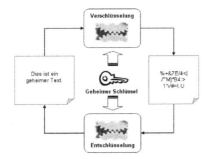

Abbildung 6: „Symmetrische Verschlüsselung" Eigene Darstellung in Anlehnung an: Fuhrberg, Kai; Häger, Dirk; Wolf, Stefan: „Internet-Sicherheit: Browser, Firewalls und Verschlüsselung", 3. Auflage, Carl Hanser Verlag, München Wien 2001, S. 82

Sie soll es Dritten, welche nicht im Besitz des richtigen Schlüssels sind, unmöglich machen, Daten mit zu lesen oder – noch schlimmer – zu verändern. Verschlüsselungsverfahren verwenden Schlüssel, die dem Sender das Verschlüsseln und dem Empfänger der bereits verschlüsselten Nachricht das Entschlüsseln ermöglichen. Digitale Schlüssel bestehen aus verschiedenen Ziffern, deren Zusammensetzung und Reihenfolge vom eingesetzten Chiffrierungsverfahren abhängt. Die Schlüssellänge, d.h. die zum Verschlüsseln verwendete Bitzahl, ist ausschlaggebend für die „Sicherheit". Je mehr Bits verwendet werden, desto schwerer ist es, den Code ohne den passenden Schlüssel zu knacken[44]." Alle eBay-Login-Seiten und alle eBay-Seiten, bei denen Bankverbindungen und Kreditkarteninformationen hinterlegt werden, sind bei eBay mit 128 Bit SSL (Secure Socket Layer) verschlüsselt[45].

3.2.1   Kritik an der Verschlüsselungstechnik

Beispielsweise bei der eBay-Anmeldung werden, wie gesehen, die kompletten Datensätze des Nutzers in den Bestätigungsmails inklusive Passwort übersandt. Die früher verwendete Schlüssellänge von 40 Bit bot allerdings nur eine eingeschränkte Sicherheit. Nachgewiesenermaßen ist es mit der verfügbaren Technik möglich,

---

[44] Vgl.: Mocker, Ute; Mocker, Helmut; Ahlreep, Jens: „Handbuch E-Communication", 1. Auflage, Datakontext-Fachverlag, Frechen-Königsdorf 2001, S. 246
[45] Vgl.: http://pages.ebay.de/pdf/7GoldeneRegeln.pdf S. 1, vom 20.11.2006

solche Verschlüsselungen innerhalb kürzester Zeit aufzuheben. Allerdings ist dafür ein großzügiges Budget notwendig[46]. Die nachfolgende Tabelle soll zeigen, dass es schon vor vielen Jahren möglich war, SSL schnell zu knacken.

Angreifer	Budget	Schlüssellänge 40 Bits	Kosten	Schlüssellänge 56 Bits	Kosten
Normaler Benutzer	winzig	1 Woche	-	unmöglich	-
Kleine Firma	$400 $10.000	5 Stunden 12 Minuten	($0.08)	38 Jahre 556 Tage	($5000)
Unternehmen	$300.000	18 - 24 Sekunden	(max. $0.08)	3 Std. - 19 Tage	(max. $5000)
Große Firma	$10 Mio.	.005 - 7 Sekunden	(max. $0.08)	6 Min. – 13 Tage	(max. $5000)
Sicherheitsdienste	$300 Mio.	.0002 Sekunden	($0.001)	12 Sekunden	($38)

Tabelle 3: „Aufwand zum Durchsuchen von Schlüsselräumen" Eigene Darstellung in Anlehnung an: Eckert, Claudia: „IT-Sicherheit: Konzepte – Verfahren – Protokolle", 2. Auflage, Wissenschaftsverlag-GmbH, Oldenburg 2003, S. 229

„Das Auktionshaus eBay hielt es lange Zeit für unnötig, von sich aus SSL-Verbindungen aufzubauen[47]." Inzwischen ist man dort zur Einsicht gelangt. Mit SSL hätte man sich jede Menge Ärger mit Internetkriminellen aller Art ersparen können.

3.2.2 Verbesserungsvorschläge

„An heutige im Einsatz befindliche kryptografische Verfahren stellt man deshalb die Anforderung, dass der Schlüssel mindestens 128 Bit lang sein sollte, falls es sich um ein symmetrisches Verfahren handelt[48]." Bei asymmetrischen Verfahren werden demgegenüber Schlüssellängen von mindestens 2048 Bit empfohlen. Ebay hat daraus gelernt und verwendet deswegen heute für alle sicheren eBay-Seiten genau diese Mindestlängen der Schlüssel. Zusätzliche Verbesserungen wären denkbar, zum Beispiel wenn eBay eine biometrische Benutzerauthentifikation integrieren könnte. Der eBay-Nutzer wäre unverwechselbar durch eigenen seinen Fingerabdruck, identifiziert. Benutzerdatenklau wäre unmöglich. Man würde hierzu allerdings spezielle Programme und Ausrüstung benötigen[49]. Eine andere Neuheit wäre die Smartcard, die vielerorts schon zum Einsatz kommt. Sie dient als Zahlungsmittel für Online-Vertragsabschlüsse mit digitaler Unterschrift[50]. Diese Smartcard würde den Passwortklau ebenso unterbinden.

3.3 eBay-Schutz vor Spoofing und Phishing

Ein großes Problem der heutigen Zeit ist die Belästigung durch Phishingmails. Private Email-Postfächer sind voll von Mails mit gefälschtem Absender (Spoofing).

---

[46] Vgl.: Hoeren, Thomas; Müglich, Andreas; Nielen, Michael: „Online-Auktionen: Eine Einführung in die wichtigsten rechtlichen Aspekte", hrsg. von Erich Schmidt, Berlin 2002, S. 233
[47] http://www.datenschutzzentrum.de/selbstdatenschutz/internet/SSL/index.htm vom 21.11.2006
[48] Eckert, Claudia: „IT-Sicherheit: Konzepte – Verfahren – Protokolle", 2. Auflage, Wissenschaftsverlag-GmbH, Oldenburg 2003, S. 229
[49] Vgl.: Cheswick, William R.; Bellovin, Steven M.: „Firewalls und Sicherheit im Internet: Schutz vernetzter Systeme vor cleveren Hackern", Deutsche Übersetzung von Thomas Maus, Addison-Wesley Publishing Company, Reading, Mass., Bonn Paris 1996, S. 145
[50] Vgl.: Carroll, Jim; Broadhead, Rick: „Selling Online", Übersetzung aus dem Amerikanischen von Reinhard Engel, Jobst Giesecke und Britta Wisser, 1. Auflage, MITP-Verlag, Bonn 2001, S. 405-407, hier S. 405

Das bedeutet dass die Betrüger E-Mails an den eBay-Benutzer verschicken. Sie geben sich - oftmals mit täuschend echtem „Header" (Kopf der Email) als Geschäftszentrale von eBay aus und verlangen die unmittelbare Eingabe der Login-Daten auf einer gefälschten Webseite. Dies muss „unbedingt" erledigt werden, weil ansonsten das Mitgliederkonto gesperrt werden müsste. Der Nutzer verliert so seinen Account und sein Bankkonto wird geleert[51]. Die Betrüger sind längst verschwunden, bis man bemerkt hat was geschehen ist. Paypal weist ausdrücklich darauf hin, dass PayPal-Mails niemals nach Kreditkartennummern oder Kontonummern, Ausweisnummern, E-Mail-Adressen, Passwörter oder deren vollständigen Namen fragen[52]. Trotzdem fallen immer wieder Nutzer auf Betrüger herein.

3.3.1 Kritik am Schutz vor Spoof-E-Mails und Phishing

Im Internet werden zahlreiche Softwaretools zum Schutz gegen Phishingmails angeboten. Doch auch auf diese Software kann man sich nicht immer verlassen. Die Schutzprogramme im neuen Internet-Explorer 7 und Mozilla Firefox zum Beispiel, finden die bekannten Phishing-Webseiten über eine ständig aktualisierte Liste des jeweiligen Anbieters. Neue Phishing-Seiten sollten die Programme selbst erkennen, was aber meistens zu Fehlalarmen oder Nichterkennung führt[53]. Auch die von eBay gelobte eigene Toolbar (siehe Kapitel 2.1.4) erkennt die meisten Phishing-Websites nicht. User mit wenig Kenntnis über das Surfen im Internet, auch über die Erkennung gefälschter Emails sind durch das Phishing sehr gefährdet. Jedes Jahr entstehen durch Phishing Schäden in Millionenhöhe, denn nur gegen ein Bruchteil (ca. 10-15%) aller Phishing-Mails wird etwas unternommen.

3.3.2 Verbesserungsvorschläge

Ebay bietet seit einiger Zeit vier interaktive Online-Trainingsmodule über Sicherheit im Internet und sicheren Online-Handel So werden Themen wie "Sicherheit im Internet", "Schutz vor Phishing & Spoof", "Sicher einkaufen im Internet" und "Sicher einkaufen bei eBay" angesprochen. Hier werden vor allem auch Schutzmaßnahmen gegen die Phishing-Plage trainiert[54]. Adaptiv hierzu versucht eBay jetzt auch in Zusammenarbeit mit den Volkshochschulen und der VeRISign Deutschland GmbH diese Lernpakete mit den Nutzern vor Ort zu trainieren. Ziel für eBay sollte es sein, möglichst viele Nutzer mit den Sicherheitstipps zu erreichen. Eine weitere mögliche

---

[51] Vgl.: http://www.onlinekosten.de/computer/phishing vom 07.11.2006
[52] Vgl.: https://www.paypal.com/de/cgi-bin/webscr?cmd=_vdc-security-spoof-outside vom 27.11.2006
[53] Vgl.: http://www.onlinekosten.de/computer/phishing/3 vom 09.11.2006
[54] Vgl.: https://www.sicher-im-netz.de/default.aspx?sicherheit/ihre/onlinehandel/default vom 07.11.2006

Lösung wurde ja bereits im Verbesserungskonzept von Kapitel 2.1.1 vorgeschlagen: eBay sollte unbedingt daran arbeiten, dass keine Mails mehr direkt an die User versendet werden, sondern nur noch im internen Bereich als neue Nachricht erscheinen. Wenn dies auch in der Öffentlichkeit bekannt gemacht wird, wäre das eine gute Methode für eBay zur Bekämpfung des Phishing-Problems.

4   Fazit & Ausblick auf die Zukunft

Abbildung 7: „eBay Logo"
http://www2.oncomputer.t-online.de/c/58/27/86/5827866,tid=d.jpg vom 20.11.2006

Abschließend ist zu ergänzen, dass aus eBay auf der einen Seite eine sehr große Auktionsplattform mit vielen verlockenden Angeboten geworden ist, andererseits sollte jeder eBay-Nutzer vor Sicherheitslücken und Betrügereien gewarnt sein. Jeder, der seine Waren bei eBay ersteigern möchte, wird auch in Zukunft ein gewisses Risiko in Kauf nehmen müssen. Zwar ist man durch das Sicherheitsportal und seine vielen Services und Tools geschützt, jedoch gibt es für alles, was aus Menschenhand erschaffen wurde immer wieder neue Möglichkeiten, dies zu überlisten. Solche Werkzeuge wie die eBay-Toolbar bieten nur in Kombination mit einem gesunden Menschenverstand ausreichend Schutz vor Betrügereien wie zum Beispiel Phishing. Es bleibt jedem selbst überlassen, inwiefern man alle Sicherheitsvorkehrungen, die einem seitens eBay angeboten werden, in Anspruch nimmt. Wer Opfer von Betrügern bei eBay geworden ist, sollte auf jeden Fall das eBay-Sicherheitsteam kontaktieren.

Alles in allem bietet die eBay-Auktionsplattform eine sichere, solide Basis für Online-Auktionen. Die aufgezeigten Sicherheitslücken werden bei eBay recht schnell ausgebessert. Bei mittlerweile mehr als 180 Millionen registrierter Nutzer ist die Chance, ein Betrugsopfer zu werden relativ gering. Wo jedoch eine Menge Geld verdient wird, wie zum Beispiel heutzutage im E-Commerce, sind Internetkriminelle nicht weit. Dies wird sich auch in Zukunft nicht so einfach vermeiden lassen.

KRITISCHE BETRACHTUNG DER SICHERHEIT VON ONLINE-AUKTIONEN DARGESTELLT AM BEISPIEL EBAY

BÜCHER-QUELLEN:

Carroll, Jim; Broadhead, Rick:
„Selling Online", Übersetzung aus dem Amerikanischen von Reinhard Engel, Jobst Giesecke und Britta Wisser, 1. Auflage, MITP-Verlag, Bonn 2001

Cheswick, William R.; Bellovin, Steven M.:
„Firewalls und Sicherheit im Internet: Schutz vernetzter Systeme vor cleveren Hackern", Deutsche Übersetzung von Thomas Maus, Addison-Wesley Publishing Company, Reading, Mass., Bonn Paris 1996

Eckert, Claudia:
„IT-Sicherheit: Konzepte – Verfahren – Protokolle", 2. Auflage, Wissenschaftsverlag-GmbH, Oldenburg 2003

Fuhrberg, Kai.; Häger, Dirk.; Wolf Stefan.:
„Internet-Sicherheit: Browser, Firewalls und Verschlüsselung", 3. Auflage, Carl Hanser Verlag, München Wien 2001

Hoeren, Thomas; Müglich, Andreas; Nielen, Michael:
„Online-Auktionen: Eine Einführung in die wichtigsten rechtlichen Aspekte", hrsg. von Erich Schmidt, Berlin 2002

Schulz, Sabine Maria:
„Clever kaufen & verkaufen mit eBay", Franzis Verlag GmbH, Poing 2003

Schulze, Martin:
„Internetauktionen aus vertragsrechtlicher und wettbewerbsrechtlicher Sicht", Tectum Verlag, Marburg 2004

Mocker, Ute; Mocker, Helmut; Ahlreep, Jens:
„Handbuch E-Communication", 1. Auflage, Datakontext-Fachverlag, Frechen-Königsdorf 2001

Vulkan, Nir:
„Elektronische Märkte – Strategien, Funktionsweisen und Erfolgsprinzipien", Übersetzung der Originalausgabe von 2003: "The Economics of E-Commerce – A Strategic Guide to Understanding and Designing the Online-Marketplace", 1. Auflage, hrsg. Princeton University Press, MITP-Verlag, Bonn 2005

Weiss, Dr. Manfred; Bankhamer, Alfred; Billo, Marie-Christine; Hein, Brian; Hein, Ludwig; Hein, Sascha; Hein, Sebastian; Moser, Dr. Robert; Reisner, Michael; Schuiki, Karl:
„TCP/IP Handbuch, Internet- und Transportprotokolle – Routing-Protokolle – Virtual Private Networks – Voice over IP – IP-Sicherheit", Franzis Verlag GmbH, Poing 2002

ZEITSCHFIRTEN-QUELLEN:

1. http://pages.ebay.de/pdf/7GoldeneRegeln.pdf S. 1, vom 20.11.2006
2. http://pages.ebay.de/pdf/7GoldeneRegeln.pdf S. 2, vom 20.11.2006
3. http://pages.ebay.de/pdf/ebay_verkaeuferhandbuch.pdf S. 6,vom 21.11..2006
4. http://training.ebay.de/online-training/_upload/Der_eBay_Treuhandservice0.pdf S. 6, vom 06.11.2006
5. http://training.ebay.de/online-training/_upload/Sicherheit_bei_eBay1.pdf S. 18, vom 20.11.2006
6. „PC Professionell", Ausgabe 12/2006, VNU Business Publications, Mohndruck GmbH, München 2006

INTERNET-QUELLEN:

1. http://de.wikipedia.org/wiki/Veri vom 20.11.2006
2. http://onlinemarktplatz.de/tipp103.html vom 06.11.2006
3. http://onlinemarktplatz.de/tipp88.html vom 06.11.2006
4. http://pages.ebay.de/ebay_toolbar/ vom 06.11.2006
5. http://pages.ebay.de/help/account/star-chart.html vom 09.11.2006
6. http://pages.ebay.de/help/community/escrow.html vom 20.11.2006
7. http://pages.ebay.de/help/feedback/reputation-stars.html vom 07.11.2006
8. http://pages.ebay.de/kaufenmitverstand/ vom 20.11.2006
9. http://pages.ebay.de/services/forum/feedback.html?ssPageName=f:f:DE vom 20.11.2006
10. http://pages.ebay.de/sicherheitsportal/?ssPageName=f:f:DE vom 20.11.2006
11. http://pages.ebay.de/sicherheitsportal/sicherheitsteam/ vom 09.11.2006
12. http://pics.ebaystatic.com/aw/pics/de/toolbar/v4/toolbar_screen_580x138.gif vom 21.11.2006
13. http://shortnews.stern.de/start.cfm?overview=1&id=584344&newsid=3&rubrik1=Alles&rubrik2=Alles&rubrik3=Alles&sort=3&start=1&suche=toolbar&nps=15&zeitraum=999&sparte=4&rubrikid1=1910 vom 20.11.2006
14. http://www.auktionsmonitor.info/ vom 29.11.2006
15. http://www.datenschutzzentrum.de/selbstdatenschutz/internet/SSL/index.htm vom 21.11.2006
16. http://www.express.ebay.de/ vom 27.11.2006
17. http://www.finanzen.net/news/news_detail.asp?NewsNr=391306 vom 29.10.2006
18. http://www.finanzen.net/news/news_detail.asp?NewsNr=438831 vom 29.10.2006
19. http://www.iloxx.de/webprodukte/safetrade/safetrade.asp?sid=34&uid=0 vom 20.11.2006
20. http://www.mich-tipps.de/Sections-sop-viewarticle-artid-64.html vom 21.11.2006
21. http://www.mich-tipps.de/Sections-sop-viewarticle-artid-72.html vom 29.10.2006
22. http://www.onlinekosten.de/computer/phishing vom 07.11.2006
23. http://www.onlinekosten.de/computer/phishing/3 vom 09.11.2006
24. http://www.onlinekosten.de/news/artikel/22306/0/eBay_erw%E4gt_neues_Sicherheitskonzept vom 08.11.2006
25. http://www.paypal.com/de/cgi-bin/webscr?cmd=_display-fees-outside vom 20.11.2006
26. https://www.paypal.com/de/cgi-bin/webscr?cmd=_vdc-security-spoof-outside vom 27.11.2006
27. http://www.pepperpod.de/cast.php?id=1788&c=48 vom 27.11.2006
28. http://www.schieb.de/tipps/result.php?id=310907 vom 06.11.2006
29. http://www.stern.de/wirtschaft/immobilien/verbraucher/562262.html?nv=ct_mt vom 23.11.2006
30. http://www.tecchannel.de/news/themen/client/448766/index.html vom 06.11.2006
31. http://www.tecchannel.de/news/themen/client/448766/index4.html vom 06.11.2006
32. http://www.telekom-presse.at/channel_internet/news_22398.html vom 07.11.2006
33. http://www.winsoftware.de/news-5636.htm vom 21.11.2006
34. http://www.wortfilter.de/news0307.html#t372 vom 20.11.2006
35. http://www.zdnet.de/downloads/prg/4/4/de10153544-wc.html vom 21.11.2006
36. http://www2.oncomputer.t-online.de/c/58/27/86/5827866.tid=d.jpg vom 20.11.2006
37. https://www.iloxx.de/webpopups/pop_preisinfo.asp?sid=34&uid=e&pr=safetrade vom 20.11.2006
38. https://www.sicher-im-netz.de/default.aspx?sicherheit/ihre/onlinehandel/default vom 07.11.2006

www.ingramcontent.com/pod-product-compliance
Lightning Source LLC
LaVergne TN
LVHW042258060326
832902LV00009B/1126